HUMORADAS AMERICAS

Gonzalo Avila

Las Humoradas Americanas

OBRA

LAS HUMORADAS AMERICANAS

EDITOR

HEBER JOSUE GONZALEZ

PRIMERA EDICION

2012

CARATULA

LULU DESIGN

DIAGRAMACION

HEBER JOSUE GONZALEZ

EDICION

AL CUIDADO DEL AUTOR

ISBN 978-1-300-29859-5

INTRODUCCIÓN

La humorada es una frase bastante corta para describir algunas cosas como el humor, en una forma que sea graciosa, no ofensiva ni que nadie se sienta agredido ni mucho menos ofendido; también se relaciona con el amor y el desamor el desprecio y el aprecio que en algún momento todos hemos sentido alguna vez por alguien, podemos decir que en algo se enfoca un poco de crítica, pero más tirando a consejo no queriendo aconsejar nada, sólo se busca la forma de entretener y hacer reír con cada una de estas al lector, pues creemos que esta clase de escritura es bastante escasa y por eso queremos publicarla para que todos la disfruten y las cuenten en alguna ocasión o reunión familiar; nos hemos preocupado en que cada una de ellas no tenga palabras que se puedan considerar como malas o ofensivas y quiero en esta ocasión dar un reconocimiento y agradecimiento y con mucha admiración al señor, don Ramón de Campoamor, poeta y escritor español. Por él supe yo por primera vez que era una humorada y de donde quise intentar escribir algo parecido, y pues por eso digo que esto es una humorada como un recuerdo homenaje a este gran señor, va dedicado este humilde trabajo.

También quiero agradecer a mis hermanos: Clara Luz y Félix A. Avila, y a toda mi familia, por su apoyo y colaboración para poder llevar a cabo este proyecto de publicar este libro **LAS HUMORADAS AMERICANAS**

Lo veo y no lo creo
eso dijo Macabeo,
cuando en brazos de Romeo
vio a su mujer en tremendo
manoseo.

Si me piensas dejar
y ya tienes a donde llegar,
no me vayas a llamar
porque si te miro te voy a ahorcar.

Si no fueran tus hermanas
no las aguantaría días sino semanas,
aunque de comer les diera,
sólo bananas.

Siempre digo tonterías
y a veces las escribo,
para el que las lea,
se corrija algún día.

La dureza del corazón
siempre tiene una razón,
dolor y culpas un montón
y sólo lo suaviza el perdón.

El placer siempre tiene un valor,
si lo disfrutas frío o por calor,
sólo siéntele el sabor,
así cuando pagues no te dé ardor.

Siempre me despido con cariño,

eso hago desde que era niño,

pero uno crece en el camino

y después no sabe cuál será su destino.

No quiero ser inconforme,

pero cada vez que te miro,

me parece que la vida,

no me ha dado lo mío.

Si te quieres ir al cielo

no provoques mis desvelos,

tú sabes que moriría de celos

si no se cumplen mis anhelos.

Para que esté siempre contigo
yo te quiero decir algo,
no vayas a ponerme arraigo,
porque así te juro que no caigo.

Ya se hizo la machaca
y le digo a mi muchacha,
pero aquí en mi carcacha,
no se sube cualquier cucaracha.

Si de repente no entiendes,
o repito lo que he escrito
no hagas mucho caso
que a veces ni yo sé lo que digo.

No abraces la envidia
te hará daño todo el día,
mejor deja que se aleje
y que tu corazón feliz se queje.

Si ves que caen aguas
no te olvides del paraguas,
se te mojarán las nahuas
y se te pegarán en las piernas.

Es verdad que ya no están
eso dijo un día Galván,
cuando se miró al espejo
pero lo hizo de reojo.

Cuando sientas que el mundo
se te viene encima
hazte a un lado, menso,
antes que te apachurre.

Si no puedes convencer a alguien
y tú no te puedes convencer,
entonces tienes que esperar
que alguien te convenza a ti.

En mi loco caminar
siempre quise encontrar,
un amor limpio y sincero
y darle yo también el mío entero.

Una mirada sincera
le cae bien a cualquiera,
pero una mala mirada,
es casi como una puñalada.

No le des explicación
a quien no se la merece,
mejor cierra la boca,
puedes ir a prisión.

Escuchar conversación ajena,
no creo que sea problema,
lo malo sería que la persona fuera
a contarlo sin ninguna pena.

Es muy triste ver llorar a alguien
y no poderlo consolar,
las cosas del corazón y el alma
son difíciles de de aceptar.

Soñar es algo tan real
que no quieres despertar,
pero qué cólera da
cuando te vienen a hablar.

El tiempo se pasa volando
tenemos que aprovecharlo,
haciendo cosas buenas
y también trabajando.

El dinero y la pobreza
no se pueden juntar,
porque cuando uno se va
el otro se queda en su lugar.

Del dinero todo se puede decir,
que todo lo puede comprar,
que a nadie hace sufrir
pero si se acaba vas a llorar.

No te dejes llevar
a donde tú no conoces,
porque si lo haces
después no te rajes.

Que digan lo que quieran,
a mí no me da vergüenza,
que piensan lo que piensen,
yo me rascaré la panza.

Si inventas cosas,
mira que no perjudiquen
a la gente,
hay que ser siempre prudente

Qué te puedo yo decir
que ya no te hallan dicho,
y no creo que importe mucho
lo que pueda yo decir.

Si tú dices que me quieres
y yo digo que te adoro,
creo que estás mintiendo
y yo por decir la verdad imploro.

Todo lo bueno es bienvenido,
todo lo fácil no perdura,
es mejor que cueste un poco
si se trata de ternura.

No guardes rencores
en tu corazón,
te harán mucho daño,
los dolores al año.

Yo digo que hablando o cantando
hay que saber decir las cosas,
no sea que alguien se enoje
y de un puñetazo te deje temblando.

Los corajes hacen daño,
ya lo han dicho muchas veces,
pero una vez al año
creo que te lo mereces.

Confesar algo da pena,
pedir perdón también,
pero si quieres ser honesto,
tienes que tenerlos bien puestos.

Si pudiera regresar al pasado,
regresaría solamente
para asegurarme de que no te
movieras,
de donde has estado.

Si tú no te sabes valorar,
yo te lo puedo decir,
que vales más que el oro
aunque no seas mi tesoro.

Haz lo que el corazón te dicte,
pero no lo hagas ciegamente
porque hay cosas que uno resiste
y otras que la existencia quitan.

No te metas en problemas,
andando con malas parejas,
si no después no te quejes
cuando estés tras las rejas.

Hay cosas que salen con rima,
otras que salen en verso
mi deseo ahora es,
que salga algo para mi almuerzo.

La soledad no es buena consejera,
eso seguramente tú lo sabes,
busca luego compañera
hay después verás como sales.

Cuando me pongo a escribir,
digo yo que son ,
la verdad es que no sé,
de donde salen tantas babosadas.

El beso de un enamorado
es como una fruta madura,
no quieres que se acabe
pero no dejas algo para el futuro.

Trata de llegar a la meta
que no te haz propuesto,
no te vayas a quedar a medias
o serás la burla del resto.

Como la luz del sol
da color a las rosas y a las flores,
así coloreas tú mis días,
con tus besos y tus amores.

En un día como hoy, tan bello,
me recuerdo que tú y yo
mucho amor nos prometimos,
qué lástima que no lo cumplimos.

Al pensar cosas bonitas
todo se llena de colores,
luego piensas en las flores
cuando llega tu hermanita

Con el agua hasta el cuello te verás
si no tratas de salir a flote,
te lo digo por experiencia
dando tragos muy grandotes.

En confianza te lo digo
no hay amor como el primero,
pero cuídalo mucho
porque si no se marcha.

Nunca des confianza
a ningún desconocido,
porque apenas das la vuelta
ya ha desaparecido.

Dispón de tiempo y corrige
las cosas malas que hayas hecho,
piénsalo bien y derecho
y no digas que yo te lo dije.

Es duro estar sin nada
que hacer,
pero si te lo recuerdan
te juro que te va a arder.

Si no tienes la razón
al reclamar alguna cosa,
mejor pide una disculpa
para aliviar tu corazón.

El que te dice te quiero,
te aguanta;
el que te dice no te quiero,
te espanta.

No te dejes llevar
nada más por la hermosura,
hay que ver también por dentro
no vaya a ser nomás calentura.

Parece que fue ayer
que yo tuve una ilusión,
fue tan grande la desilusión
que todavía me duele el corazón.

Ya no sufras corazón
ya levántate del suelo,
búscate otro cariñito
que te sirva de consuelo

No te sientas muy bonita
porque el tiempo te lo quita,
es mejor sentirse guapa,
esas son las que trabajan.

Sea bien o sea mal
lo que uno pueda pensar
no se puede evitar,
pero si se puede separar
que el bien sea más que el mal.

Para qué te mortificas
pensando en lo que no pudo ser,
deja que el tiempo se encargue
de borrar lo que pudo por ahí quedar.

Lo que digo te lo cumplo
porque soy muy responsable,
pero también soy amable,
eso y no sé que tanto.

Aprende a odiar,
todas las cosas malas
y abraza muy fuerte
todo lo que escuches,
si son buenas.

Si no me quieres hablar
yo te doy toda la razón,
al cabo que yo tampoco
nunca te entregué mi corazón.

Romper las relaciones
eso dicen los países,
yo quisiera se rompieran
algún día las narices.

Muchas cosas lleva el río
en contra de su voluntad,
espéralas en el mar
que ahí algún día van a parar.

Deja volar tus pensamientos
y verás que se siente bonito,
nada más que cuando aterrices
no te quiebres las narices.

Si estuvieras más atento
a las cosas que te pasan,
no tendrías ningún inconveniente
y estarías muy contento.

Pon tu mente a trabajar
y no pienses cosas malas,
porque las recompensa son muchas
y las tendrás que recoger con pala.

La cosquilla y la risa
tienen algo en común,
si te pican las costillas
luego saltarás de risa.

No te metas en ningún chisme
si quieres vivir honrado,
porque de lo contrario
puedes seguir mal parado.

Mírame a los ojos
para que veas cuanto te quiero,
sin que nadie te lo cuente
o tal vez lo invente.

Con voluntad y cariño
se conquista todo el mundo,
pero no hay nada más profundo
que soñar en tus brazos como un
niño.

En la vida siempre hay altas y bajas,
cuando estés arriba no te olvide de
los de abajo,
porque Dios nos libre de una caída
podríamos perder hasta la vida.

No me gusta mucho el frío
porque luego me da gripe,
prefiero estar calientito
con una cobija con tripas.

No hay mejores ni peores
todas ellas son iguales,
cuando las tienes aprovéchalas,
no siempre llegan las oportunidades.

Qué importa si voy o vengo
eso a nadie le interesa,
yo con eso me entretengo
para olvidar la tristeza.

Qué difícil pesadilla
vive uno día a día,
si pudiera despertar
otro gallo cantaría.

Dicen que es mejor solo
que mal acompañado,
yo prefiero estar con alguien
aunque ande todo aruñado.

Qué más puedo yo pedir
de lo que la vida me ha dado,
yo creo que no puedo decir
que con algo le he pagado.

Este mal que yo padezco
se lo debo a mis rencores,
si el carácter no enderezco
me va a causar muchos dolores.

Las teorías en la vida, nunca
han sido del todo aceptadas,
hay muchas que se vuelven
realidades y otras que son puras
babosadas.

Los amigos hay que cuidarlos,
los amigos verdaderos, porque hay
unos por ahí que sólo te llevan
por malos senderos.

Nunca andes a escondidas
siempre hay alguien que te mira,
pero por eso no te enojes
que en este mundo hasta las
paredes tienen ojos.

La justicia siempre llega
cuando uno es inocente,
pero no te metas con la gente
porque a eso nadie te obliga.

Todavía no se me olvida
que me diste parte de tu vida,
pero no sé si tú te acuerdas
que yo también te di parte de la mía.

No puedo dejar de pensar
en lo que pasó el otro día,
si tú supieras cuánto
llenó mi vida de alegría.

Cómo quieres que te den
si tú nunca has dado nada,
no seas codo y colabora
para que en el futuro te den.

No le eches la culpa a nadie
de lo que a ti te pasa,
rectifica tu conducta
y quédate en tu casa

No quiero entrar en polémica
por lo que voy a decir,
no siempre será algo cómico
pero quisiera verlos reír.

Quisiera bajar del cielo
de las estrellas alguna,
para dársela a mi amor,
¿o sería mejor la Luna?

Pensando bien las cosas
el resultado será mejor,
porque las cosas calmadas
no salen tan peor.

Tengo mucho sentimiento
y por cualquier cosa lloro,
no será que me arrepiento
de haber pedido un tesoro.

Siempre que voy al campo
me alimenta el aire puro,
quisiera quedarme allí
desde muy tierno hasta estar
maduro.

Andar por la vida sin rumbo
es andar sin freno y sin viento,
prefiero estar tranquilo en el mundo
y no de repente caer a lo más
profundo.

Le falta un clavo a la sopa
para que le dé sabor,
no pienses mal, no seas papo,
estoy hablando de un clavo de olor.

Saca todo lo que llevas dentro
sea odio o muchos rencores,
eso no te da ningún contento
y tu felicidad se pierde horrores.

Solamente estando herido
te aborrecería mi corazón,
y si no fuera tu marido
me darías toda la razón.

No importa que diga la gente
siempre hay que ser atento,
si te lo agradecen, bueno,
y si no, pues lo lamento.

De los amigos no te alejes
porque sólo te sentirás,
si no después no te quejes
que a nadie mirarás.

No mires hacia atrás
las cosas ya pasadas
sean buenas o malas
para qué recordarlas.

Un sacrificio de corazón
siempre tiene galardón
sea hembra o sea varón
si es con buena intención.

Ando como loco buscando
lo que no se me ha perdido,
será como un castigo
o será porque no te miro.

Dame un minuto solamente
para decirte claramente,
que nunca sales de mi mente
aunque tú estés ausente.

No pienses que te amaba,
solamente me aguantaba
los embates que me daba
cuando por ahí te encontraba

Qué bonito es ver llover
y qué rico el olor a tierra mojada,
pero sería mejor estar
en los brazos de tu amada.

Las tardes se me hacen tristes
cuando ya se oculta el sol,
será porque tú te fuiste
o será porque estoy solo.

Te lo digo con cariño
y te lo digo con respeto,
que el que no oye consejo
tiene orejas de conejo.

Es bonito andar paseando
de la vida disfrutando,
el problema es que no encuentro
quien me siga manteniendo.

Sigue recto tu camino
no te vayas a desviar,
que la final de la jornada
un premio te van a dar.

Sólo falta que tú niegues
que tuvimos un romance,
pero la verdad vendrá
algunos meses adelante.

Para qué te comprometes
pudiendo evitar la bronca,
es mejor un diálogo sano
que visitar un cirujano.

Ya no puedo ni dormir
por estar pensando en ella,
pero de nada me va a servir
si nunca se va a enterar ella.

Si vas a regresar conmigo
solamente Dios lo sabe,
sea hoy sea mañana
pero mientras como le hago.

Las tardes se me hacen tristes
cuando ya se oculta el sol,
será porque tú te fuiste
o será porque estoy solo.

Cuando hables no demuestres mala
educación
diciendo cosas sin razón,
mejor escucha con atención
a gente que tiene preparación.

Quisiera ser como el pan
que a nadie le cae mal,
igualito que las tortillas
cuando están en el comal.

Cuando hablo de comida
inmediatamente pienso en ti,
recordando los abrazos
y los besos que te dí.

Ya no tengo la paciencia
que antes yo tenía,
te suplico me comprendas
porque así vas a estar tú algún día.

La soledad me agobia
y la tristeza me hace daño,
pero prefiero estar solo
que mal acompañado

Qué bonito es el amor
cuando es correspondido,
pero si sólo tú amas
pobre corazón herido.

No busques falsa salida
porque no sabes a donde te lleva,
mejor busca un buen consejo
y recuerda que Dios no te olvida.

Cuando estuve contigo
siempre pensé que soñaba,
ahora que ya no estás conmigo,
creo que ya he despertado.

En pelea ajena no te metas
aunque te llame la gente,
ya cada quien sabrá
como cuidarse los dientes.

Para que buscas en lo claro
lo que perdiste en lo oscuro,
mejor busca una luz
que alumbre tu sendero.

No le puedes tomar el pelo
a una persona calva;
tampoco puedes decir a un escocés
que no se ponga falda.

No puedo soñar con verte
sin saber donde estás,
sería mejor ir a buscarte
para que fuera realidad.

Déjame calmar tus penas
yo sé que es dura la condena,
pero quien te manda hacer cosas
malas
en lugar de hacerlas buenas.

Si la maldad tuviera recompensa
toda la gente sinvergüenza
tuviera un consuelo, pero al
contrario,
por eso pierde hasta el cuello.

No me vayas a decir
que estás muy triste,
porque apenas hace
dos días que te fuiste.

El camino siempre al frente
tenemos que seguir,
hagámoslo con cariño
pensando en el porvenir.

Si vas a hacer un favor
hazlo pronto y bien hecho,
si lo hace tu mano izquierda
que no lo sepa la derecha.

Es tanto lo que yo quiero
que no me atrevo a pedir,
será que me falta valor
para podértelo decir.

Si fue por falta de plata
que no te pude tener,
espero que ese otro
con manteca te pueda dar de comer.

La rima es muy bonita
pero hay muchas cosas,
que sin rima
se ven muy hermosas.

Yo estoy envejeciendo
y no he podido lograr,
entender a las mujeres
para poderlas complacer.

No te vuelvas enfadoso
con la gente que te quiere,
porque perderás su amistad
y cuando un favor quieras.

El día que ya no esté
y no me vuelvas a ver,
entonces te darás cuenta
cuanto te pude yo querer.

Si necesitas calorcito
no te expongas mucho al sol,
mejor ven aquí conmigo
y haremos una quemazón.

Necesito inspiración
para decirte cosas bonitas,
pero por más que pienso
siempre llego a la misma conclusión.

Algo se me ha de ocurrir
para matar el aburrimiento,
no quiero echarme a dormir
porque lo que sueñe será puro
cuento.

Ya quisiera terminar
con este sufrimiento,
pero cada vez que te miro
quisiera decirte algo y me arrepiento.

El color blanco y negro
siempre darán gris,
si tú me dices que sí
toda la vida serás feliz.

La descripción de una humorada
tiene que ver con alguien,
que anda enredada
entre el humor y el humor.

Quisiera tener alas
y volar a donde estás,
darte mil besos y abrazos
y dormir en tu regazo.

Que no te dé pena preguntar
porque el que pregunta aprende,
y el que aprende
es el que después enseña.

Yo me siento a trabajar
y no me puedo concentrar,
será por lo que me deben
o será por lo que tengo que pagar.

No tengo como pagarte
los favores que me has hecho,
espero que algún día
tenga yo para devolvértelos.

El amor que yo quería
se fue alejando poco a poco,
pensé que me aguantaría
pero terminé volviéndome loco.

Si no te puedo ver
no es por ningún enojo,
lo que pasa es que tú no sabes
que nubes en los ojos.

Para qué sufro y sufro
si al cabo la vida es corta,
mejor voy a disfrutarla
y lo demás que importa.

Dando vueltas como un trompo
me la paso todo el día,
yo no sé qué pasaría
si sentado me quedo como tronco.

Qué te puedo yo pedir
que tú no me puedas dar,
si lo que siempre he querido
prohibido ha de estar.

Discusiones y problemas
siempre hay a menudo,
lo que yo no sabía es qué
un dolor de cabeza se pueda usar
como escudo.

Si te enojas y pataleas
te puedo hacer daño,
no lo hagas muy seguido
nada más una vez al año.

Se me rompe el corazón
de verte tan solita,
me gustaría verte ahorita
sin pena y sin preocupación.

Se puede hacer algo a diario,
pero a veces pasan dos o tres días
y no haces nada, pero si te
concentras, haces tres o cuatro en
un rato

Yo quisiera verte ahora
pero sé que es imposible,
porque creo tú quisieras
que yo fuera invisible.

Crees que de tu casa
te pueden correr,
pues no lo dudes
y ponte pronto a trabajar.

Nunca digas que no
sin saber de que se trata,
y mucho menos decir que sí
si se trata de una ingrata.

Ya muchas veces te dije
que no vengas a buscarme,
no me interesan tus besos
ni tampoco tus carnes.

Qué dijiste, ya lo tengo,
pero como siempre te equivocaste,
porque yo no busco quien me quiera
sino quien me mantenga.

Con permiso de los demás
yo te quiero cortejar,
si me correspondes, qué bueno,
y si no, pues a volar.

Hay que vivir la vida
y disfrutar el momento,
si te quedas encerrado
eso será ya tu cuento.

No me vuelvo a enamorar
dice alguien por hay,
el problema es que el amor llega
y nunca dice allí voy.

No hay ser avorazado
siempre busca estar en medio,
ni te vayas adelante
ni te quedes atrasado.

No me vayas a dejar
solo en el camino,
ya sabes que tú y yo
tenemos un mismo destino.

Con el agua y con el fuego
yo te ruego que no juegues,
porque puedes ahogarte
o también chamuscarte.

Los problemas en la vida
siempre tienen solución,
cuando las dos partes
tienen buena intención.

No le eches la culpa a nadie
sin saber lo que pasó,
es mejor que cierres la boca
ya que nadie te llamó.

Como gato en el tejado
esperando alguna presa,
así me mantengo yo
esperando que regreses.

Busca siempre el buen camino
y también las amistades,
unas te ofrecerán vino
y otras a hacer maldades.

Si no te he encontrado
es porque no te he buscado,
eso deseabas tú antes
cuando a mi lado estabas.

Hace tiempo que espero
del cielo una señal,
para saber si te quiero bien
o si sólo te hago mal.

Estar entre la gente
y sentirse solo es cosa seria,
es mejor sentirse
sólo serio.

Es muy triste y aburrido
pasarla bien sólo un rato,
pero creo que es mejor
que pasarla como perro y gato.

Si lo de ayer no fue abundancia
y si ahora estás vivo,
lo que pueda venir mañana
eso ya será ganancia.

No puedo seguir así
rogándote todo el día,
que te pongas a trabajar
y que de perdida te calles.

Los colores van y vienen
junto con las estaciones,
igual van mis amores
que ninguno se detiene.

Si ya sabe como soy
para que andas preguntando,
si no te alcanza lo que te doy
pues ya vete caminando.

Para complacer tus deseos
yo me puedo sacrificar,
pero para complacer los míos
no te hagas de rogar.

Me faltó valor para decirte adiós
y que he sufrido mucho por eso,
pero poco a poco va pasando
y por eso le doy gracias a Dios.

El color de tu cabello
es como una noche oscura,
cuánto daría yo por poner
mis manos en tu cintura.

No sigas malos pasos
que daño te van a causar,
mejor busco un amor sincero
que al altar pasos vas a dar.

Nunca te pude olvidar
pensaba en lo que me pudiste dar,
sólo el destino sabe por qué
nunca lo pude olvidar.

Mucho tiempo me ha llevado
sacar de la mente cosas buenas,
porque siempre se atraviesa
algo malo y lo envenena.

Por andar de enamorado
muchas cosas me han pasado,
una veces he gozado
y otras veces mal me han pagado.

El amor y la amistad
son casi como vecinos,
nomás tienes que dar un paso
y ya estarás en otro terreno metido.

Cuando tengas compromiso
no pongas ninguna excusa,
cumple llegando temprano
y hazlo con una sonrisa.

Si tú quieres madrugar
acuéstate más temprano,
porque si te acuestas tarde
llegarás para el verano.

Si no pude tener tu amor
fue por no tener permiso,
no fue por falta de interés
eso sí te lo garantizo.

No te preocupes mucho
y trata de dormir tranquilo,
que de día y de noche
hay alguien allá arriba que te cuida.

Cómo se puede creer
en alguien que te miente,
o se le da otra oportunidad
para ver si se arrepiente.

Creer y obedecer
son dos cosas diferentes,
pero si crees y no obedeces
eso no sería conveniente.

Cuanto tiempo ha pasado
que no te he vuelto a ver,
al principio creí que moría
pero ahora no me acuerdo de esos
días.

No te metas con casada,
mejor busca una soltera,
no sea que salga embarazada
y después no sepa de quien era.

En el jardín hay muchas flores
y uno siempre busca lo mejor,
el problema es que te das cuenta
después que cortaste lo peor.

Tener los pies en la tierra
es algo muy importante,
nomás que no estés descalzo
porque puede haber espinas o esté
caliente.

Cosas malas y cosas buenas
siempre han pasado,
pero lo mejor de todo es
que nunca al extremo han llegado.

El amor a las plantas y las flores
son los únicos amores,
que se calman
echándoles un poco de agua.

No me gusta la mentira
porque luego llega la verdad
y lo que se dijo se derrumba,
prefiero la verdad hasta la tumba.

Con político y abogado
nunca vayas a ningún lado,
porque si te descuidas,
te dejan sin dinero y encuerado.

Algún día te veré
muy feliz en otros brazos,
no quisiste estar conmigo,
sería por andar en malos pasos.

Ya no quiero ser tu amigo
ni tampoco tu enemigo,
lo que quiero es ver muy lejos
tu ombligo del mío.

Si te llaman a comer
no te hagas de rogar,
porque si te tardas mucho
sin nada te puedes quedar.

No grites para hablar
que es de mala educación,
habla poco y despacio
y te darán felicitación.

A veces lo que escribo
no parece humorada sino poesía,
el problema es que como poeta
creo que de hambre me moriría.

Pon mucha atención
cuando un niño te hable,
puede ser algo importante
y nunca nada desagradable.

Con arrugas y tristeza
veo mi rostro en el espejo,
será sólo el reflejo
o será que ya estoy viejo.

Si quieres abre tu corazón
y recibirás cosas buenas,
si por el contrario lo endureces
no recibirás de Dios el perdón.

Buscando dicen se encuentra
lo que uno más quiere,
si todavía no lo hallas
no te aburras y no desmayes.

No des a la maldad
las cosas buenas,
porque al pasar el tiempo
toditas las envenenan.

Dicen que soñar nada cuesta,
lo que cuesta es dormirse,
cuando sabes que mañana
de tu casa tendrás que irte.

Amo lo que tienes
y cuídalo con empeño,
ahora si ya no lo quieres
déjalo que tenga otros sueños.

Si te dicen cosas malas
no contestes tú iguales,
quédate tranquilita
que tu boca cerradita se ve más
bonita.

No te aferres nunca a nada,
deja siempre que corra el agua,
ya verás que ese ruido
es mucho más agradable.

Si te gusta la riqueza
eso a mí no me interesa,
sólo te pido una cosa
que dejes tus delirios de grandeza.

La esperanza y el consuelo
permanecen para siempre,
eso me dijo mi abuelo
porque vienen desde el cielo.

No puedo tener dos mujeres
porque la ley lo prohíbe,
prefiero tener una sola
para no tener castigo doble.

No tires a la basura
lo que te den con dulzura,
porque la miel no se hace
con las manos en la cintura.

Un callejón sin salida
siempre se nos presenta en la vida,
pero con fe y esperanza
la luz veremos al otro día.

El trabajo dignifica y adelgaza
y tiene que ser remunerado,
el problema es que no siempre
alcanza
para tener una cuenta en Suiza.

Ya deja de andar
para arriba y para abajo,
ya pareces ropa íntima
de un antiguo trabajo.

Cuánto cuesta conseguir
lo que uno ha soñado,
y cuando lo consigue
tiene que mantener hasta el cuñado

Si no quieres enamorarme
no me recuerdes el día
cuando yo te conocí,
porque no me arrepentiría.

Cuando tú ofendes a alguien
creo que luego se te olvida,
pero si eres tú el ofendido
eso nunca lo olvidarás.

Antes que se me olvide quiero
decirte algo, cuando nos quisimos
sólo pensando en ti, nunca creí que
algún día sólo pensando en como
olvidarte estaría.

Qué sabrosas son las frutas
y mejor son las verduras,
no te las comas verdes
espérate que maduren.

Un piropo muy bonito
a cualquiera le encanta,
pero si es algo grosero
te aseguro te la mienta.

Cuando te pique la mano
dicen que recibirás dinero,
te sugiero que te rasques
y que trabajes primero.

Del jugo del limón
salen muchas limonadas,
de una mente retorcida
salen muchas .

Hay parejas que les dicen disparejas,
por qué no les ponen
un nivel para saber
cuál es el problema.

Quisiera poder decir
todo lo que siento,
pero cuando lo intento
no me deja el sentimiento.

No te metas en problemas
porque te vas a arrepentir,
cuando estés en el bote
no vas poder salir.

No me gusta hacer desprecios
porque el desprecio es recíproco,
como el que tira algo para arriba
y te cae en el hocico.

Todo esto tiene que ser
inventado porque si,
le copias a alguien,
puedes ser demandado.

Dime pronto si me quieres
para que termine esta angustia,
no vaya a ser que llegue
tu mami y te me asuste.

Muchas cosas en la vida
uno desea tener,
pero estudia mucho primero
porque si no mucho producto
de gallina vas a necesitar.

Comer sano y nutritivo
es lo más recomendable,
si no cuidas lo que comes
arruinarás el sistema digestivo.

Mirando con atención
se ven mejor las cosas,
pero si no te fijas
caerás al fondo de una fosa

Tristes se ven las caras
de los niños sin comer,
pero si les das un taco
hasta salen a correr.

No confío en promesas
porque prometer nada cuesta,
pero si me das una prueba,
cambio la respuesta.

No te salgas de la línea
de la línea correcta,
yo una vez que lo intenté
cara me salió la vuelta.

Me duele el corazón
de verte sufrir así,
porque me dijiste que no
sin motivo y sin razón.

No todas mis
les van a gustar a todos,
pero a todos les van a gustar
algunas, y a algunos no les va gustar
ninguna.

Es una puerta abierta
la mujer que cuenta cosas de su
marido, y el hombre que no entra
es porque está mal herido

Ya te hiciste un examen,
un examen de conciencia,
para saber si vas bien
o tal vez necesites una limpia.

En las cosas que escribo
hay algunas escondidas,
pero si le buscas
por allí estarán metidas.

Hay cosas en la vida
que uno tiene que cuidarlas,
porque cuando ya no las tienes
lloras al recordarlas.

El pastel engolosina
por eso hay que comer poquito,
no vaya a ser que te haga mal
y luego lo vomites.

Cómo no queriendo la cosa
yo te fui conquistando,
ahora que ya te logré
la puerta ando buscando.

Tengo algo en mi mente
que quisiera yo decirte,
pero siempre que lo intento
hay alguien presente.

A mujer comprometida
no le des regalo, ni chico ni
grandote, porque si se da cuenta el
marido te pone como camote.

El amor interesado
es como la luna que va y viene,
nada más cuando
le conviene.

Trabajo y trabajo toda la semana
y lo que uno se gana
para nada alcanza,
ni de una canita al aire hay
esperanza.

Si la vida es larga o corta,
para que corres,
crees que te darán premio
por tus errores.

Caminando por la vida
a golpes y tropezones,
unas veces herido
y otras rompiendo corazones.

Es un placer poder servir
sin pensar en algo recibir,
yo no quiero morir
sin ese gusto poder sentir.

Quiere mucho a tus mascotas
dales cariño y comida,
si no tienes esas cosas
no te hubieras comprometido.

Todo lo que uno pide
tiene que ser con medida,
y que nunca se te olvide
que es mejor que sea para comida.

No quiero que vuelvas
hace poco me pedías,
pero sólo pasaran unos días
y rogándome volver estarías.

No es lo mismo conseguir que
concebir,
te diré la diferencia para seguir,
una cosa ya está hecha
y la otra hay que hacerla sentir.

No vayas a llorar
cuando de ti me despida,
acuérdate que eras tú
la que cada rato me lo pedías.

Pide todo lo que quieras,
a ver si te lo dan,
si no creo yo te quedarás
como las campanas de San Juan.

Si tienes el corazón de piedra
aferrado como la hiedra,
toma mucha sidra
y verás cómo te libera.

No me digas adiós
cuando te vayas,
para poder seguir pensando
que no te has ido.

El amor hay que darlo a manos
llenas, el dinero hay que darlo por
poquitos ,porque si haces lo
contrario,
te quedarás contando centavitos.

La gente del campo siempre vive
más tiempo porque respira aire
limpio, porque en la ciudad
de nubes parece el Olimpo.

Hay personas que mucho trabajan,
yo las quiero, admiro y respeto,
porque hay tantos canijos
que sólo pasan rascándose la verija.

No merezco lo que tengo,
siempre he dicho lo que venga
tal vez Dios me lo ha dado
y yo sin saber lo he desperdiciado.

Regala flores siempre que puedas,
te sentirás muy feliz,
pero más feliz harás
a quien se las das.

Nunca des nada obligado
mucho menos presionado,
hay que dar poco pero sin condición
para que se llene de alegría el
corazon

A nadie hagas ningún desprecio
especialmente sin motivo,
todo eso es negativo
y siempre hay que pagar el precio.

Piensa siempre en el futuro
aunque no nos pertenece,
más vale ser prevenido
que morir trabajando duro.

Me gusta jalar parejo
pero no creas que por eso
podrías ponerme silla
o tal vez un aparejo.

No hay nadie sin ilusiones
y también con muchos sueños,
lo malo es tener ilusiones
con alguien que ya tiene dueño.

La vida es muy bonita
pero hay que saber vivirla,
no corras ni te apures
que de ella nadie se burla.

No te rindas ni te enfades
si quieres ganar la batalla,
solamente los cobardes
son los que tiran la toalla.

Los días se me hacen largos
porque no sé donde estás,
quisiera poder hacer milagros
y regresarte para vivir en paz.

El trabajo y disciplina
son para el hombre medicina,
si tú trabajas con gusto
lo que ganas te alcanzará
hasta para golosinas

La risa es medicina
para muchos males,
procura estar siempre así
para no tener que ver hospitales.

No busques problemas
donde no los hay,
es mejor llevar la paz
a donde mucha gente hay.

Estar libre o atado
son dos cosas diferentes,
si todavía está libre
es porque no has encontrado
quien te tenga amarrado.

Hay cosas que parecen buenas
pero hay que mirar con calma,
no vaya ser que a la larga
te vayan a romper el alma.

Piensa muy bien lo que dices
para no ofender a nadie,
es mejor boca cerrada
que quebradas las narices.

Son muy importantes
las comunicaciones
y si las perdemos
mejor vendemos radios y
televisiones.

Con muchísimo afecto
aunque no sea perfecto,
recibe siempre el cariño
especialmente si es de un niño.

Estas cosas que yo digo
no son ningún consejo,
pero si te sirven de algo
ojalá llegues a viejo.

No se puede vivir sin amor,
no se puede vivir odiando,
si tú me puede dar amor
yo te estaré siempre adorando.

El que no regala nada
que no espere que le den,
no hay que ser tan agarrado
para que le den también.

Siento ganas de llorar
y es de mucho sentimiento,
algún día llorarás tú
pero será de arrepentimiento.

Será culpa del destino
que hace mucho que busco,
yo ya no sé que parezco
se me hace que ya no le atino.

Ya no puedo aguantar
tanto desprecio,
ya que nunca soporté
a alguien tan necio.

Hago todo lo que puedo
para ya no trabajar,
porque es un vicio ingrato
que nadie puede dejar.

Si te gusta divertirte
hazlo siempre con medida,
no vaya ser que al irte
te arrepientas toda la vida.

Son muchas las tentaciones
a cada paso se aparecen,
tú sabrás si las rechazas
o de plano te condenas.

Ya no siento dolor ni pena
por todo lo que pasó,
si fuiste tú o fui yo, qué bueno
que terminó esa condena.

Las cosas que escribo
no sé de donde han salido,
lo importante es que,
con cariño te las digo.

Siempre trata de tener
limpia tu conciencia,
esto es cosa de paciencia
pero al final corona te van a poner.

Deja que el agua corra
y que llegue hasta el mar,
al cabo si nadie te amarra
más libertad tendrás de amar.

Si no quieres quedarte conmigo
será porque los pies te pican
por andar con un amigo
que te ofrece de dinero un volcán.

No te olvides del pasado,
sea bueno o sea malo,
seguramente creo que algo
de todo eso habrás sacado.

Entonces, sin tu amor que hago,
porque sin ti no sé a donde ir,
será sólo un amargo trago
o tendré toda la vida que sufrir.

Si te vas a las estrellas
no te fijes mucho en ellas,
puede ser que allí te aferres
y no puedas volver a la tierra.

Nunca pierdas la esperanza
de llegar hasta la meta,
es cierto que es duro y cansa
pero la recompensa será completa.

Siempre que yo te miro
siento algo en mi corazón,
será nada más un suspiro
o será que hay otra razón.

Siempre hay alguien que nos cuida
también hay alguien que nos quiere,
está allá arriba y nos dio la vida,
espero que tú también lo quieras.

No sé por qué me quisiste
si nunca te dije nada,
yo no sé que me viste
si hasta descalzo andaba.

Para siempre no son las cosas,
unas se quedan un tiempo,
otras se quedan muy poco
y otras se van como mariposa.

Si no tienes tranquilidad
no pares y sigue buscando
y cuando la hallas encontrado
no la sueltes nunca por nada.

Las mentiras piadosas
ayudan y dan consuelo,
pero luego con el tiempo
se descubren y todo se viene abajo.

Por qué no le llevas flores
y le dices cuanto la quieres,
ya verás que entonces
vendrán días mucho mejores.

Para mí eres muy especial,
siempre te lo he dicho muy cordial,
aunque yo sé que al final
podríamos llegar a algo municinal.

Si tú quieres saber lo que siento
es muy fácil te lo cuento,
no más dime tú después
cuáles son tus pensamientos.

Una mente cochambrosa
nunca piensa cosas buenas,
pero si bien las acomodas
pueda ser que sean sabrosas.

Si no quieres trabajar
no malgastes tu talento,
tú espérate tranquilo
y que trabajen los que tengan
tiempo.

No me gusta la pobreza
ni tampoco la pobreza,
hay que hacer lo que se pueda
para no morir de tristeza.

Ya no quiero que me digan
que soy un conformista,
lo que quiero es un milloncito
y un par de muchachas que me
asistan.

Es una casa grande
muchos pueden vivir,
pero con un rencilloso en medio
mejor de allí quiero salir.

Hoy no quiero caminar
porque me duelen los pies,
prefiero con el pensamiento volar
y llegar a donde estás.

Si quieres saber de amor
yo con gusto te acompaño,
nomás no me eches la culpa
a mí después de un año.

Yo no quiero que me digan
que en algo que escribo miento,
se los afirmo y aseguro
que lo que digo es cierto.

Hoy sonriendo te lo digo
que lo que viví contigo,
no se lo deseo yo
ni a mi peor enemigo.

De cada palabra bien utilizada
se puede formar una frase,
bonita y bien coordinada
o de perdida una humorada.

Cuánto tiempo habrá pasado
desde que te fuiste,
la verdad es que no me acuerdo
ni de lo que hiciste.

Un día que pasa no es un día más,
al contrario, es un día menos,
pero eso tú lo dirás
si ese día fue más o menos.

Necesito olvidar tu amor
recordarlo me hace daño,
te seguro que lo intento
día a día todo el año.

Yo como buen amigo
te suplico y te lo ruego,
que nunca en la vida
metas por nadie las manos al fuego.

Nunca seas negativo
pon tu fe siempre adelante,
que lo que no venga mañana
ya vendrá el mes entrante.

Si trabajas para vivir, está bien,
si vives para trabajar, está duro,
te sugiero que te cuides
o que compres un seguro.

Muchos sueños se han cumplido
quien dice que los tuyos no,
con dedicación, fe y estudio
muchos obstáculos se han caído.

Parezco disco rayado
repitiendo siempre lo mismo,
quisiera tenerte a mi lado
o voy a caer en un abismo.

Estoy contando los días
para volver a verte,
los ojos se me secarían
si supiera que no vendrías.

No quiero que nadie se moleste
por cosas que yo escribo,
mi deseo es entretenerte
cuando te encuentres aburrido.

Reúne siempre a la familia
no dejes que nadie se pierda,
ya vez que nunca falta
por ahí una oveja negra.

Donde quiera que tú estés
siempre muéstrate respetuoso,
ya verás que no hay maltrato
y tendrás tranquilidad y reposo.

Está bien que te digan abuzado
pero ten cuidado, porque si te pasas
de listo te pueden decir abusivo

Lo digo por experiencia
no lo digo por inteligencia,
que estar en casa ajena no es
conveniente
porque luego te dirán mal oliente.

Me hace daño tu amargura
que cambies por favor te pido,
hacer el intento vale la pena te digo,
que después la vida verás con
dulzura.

Si algo malo estás pensando
por favor no cuentes conmigo,
fíjate bien lo que te digo
porque terminarás llorando.

Nunca hablo de sosas tristes
dicen que se arruga el alma,
mejor llevar las cosas con calma
y llegar al final que tú elegiste.

Parado un día frente al mar
me puse a pensar
si toda esa agua se tomara
cuánto tiempo pasaría poder
terminarla.

Cuando tuve cosas buenas
nunca fueron demasiadas,
siempre conseguí una cena
unas veces compradas y otras
fiadas.

No quiero morir de amor
ni de soledad tampoco,
algunos pensarán que estoy loco
no les hagas caso que yo tampoco.

Pensando siempre en lo bueno
todo el tiempo uno debería estar,
para que ninguna cosa mala
pueda dejar entrar.

No se puede vivir sin amor,
no se puede vivir sin penas,
claro, unos tienen más
y otros tienen menos.

Hay Rosita rosada,
a la par de la rosa roja,
te ves descolorada.

www.ingramcontent.com/pod-product-compliance
Ingram Content Group UK Ltd.
Pitfield, Milton Keynes, MK11 3LW, UK
UKHW020221250726
13967UKWH00001B/119

9 781300 298595